MICHAEL NEUGEBAUER VERLAG

Originalausgabe

ISBN 3-85195-197-2
Printed in Italy

Hanne Türk

PHILIPP DIE MAUS PACKT AUS

DER GEHEIMNISVOLLE BRIEF

Der Brief kam aus Chile.
„Chile?" dachte ich. „Für mich?"

Da gab es doch mal eine Urgroßtante namens Charlotte von Ruebenzahn.
Die war mit einem Zuckerdampfer nach Chile ausgewandert. Sollte das etwa ...

Vielleicht sollte ich den Brief einfach aufmachen?

Tatsächlich. Ein gewisser Juan Carlos Ruebenzahn wollte mich besuchen, der Urenkel der Zuckerdampfertante.

„Du kannst mich nicht verfehlen", schrieb er.
„Ich bin mittelgroß, mitteldünn und mittelblaß und habe einen Bären bei mir."

„Auch das noch!" dachte ich. Doch ich schrieb sofort zurück.

„Du kannst mich auch nicht übersehen. Ich bin mittelklein, mitteldick und mittelgrau und habe einen Tiger bei mir", schrieb ich.
„Und Deinen Bären bringen wir schon unter, keine Sorge."

Ich dachte da an einen Strohsack im Schuppen.
Dann brachte ich den Brief zur Post und ging für meine Gäste einkaufen.

Leider fand ich nirgendwo Bärenfutter, nur Honig. Und scharfe Chili-Pfefferoni und Knoblauch und solche Sachen für Juan Carlos.

„Diese Ausländer!" dachte ich. „Sie sind ja immer so anders."

Ob Juan Carlos draußen bei seinem Bären schlafen wollte? Vielleicht gab es in Chile ja gar keine Betten.

Aufwachen! Heute kommt er.

„Wer?“ fragte ich mich verschlafen.
Da fiel es mir wieder ein. Juan Carlos aus Chile!
Der mit seinem Bären immer im Stall schläft!

Als das Flugzeug landete, hätte sich Tiger
zu gerne verdrückt.

„Hör auf zu maunzen", sagte ich.
„Ich maunze ja auch nicht."

Dann stieg Juan Carlos Ruebenzahn aus.
Er war nicht schwer zu erkennen. Tiger und ich waren auch nicht schwer zu erkennen.

„Philipp?" fragte Juan Carlos zaghaft.

„Juan Carlos?" fragte ich vorsichtig.
Wo hatte er bloß seinen Bären? In einem Bärenkäfig?

„Das ist mein Tiger", sagte ich.

„Oh!" sagte Juan Carlos. „Das also ist dein Tiger. - Mein Bär", sagte er, „sitzt dort hinten.
Er fürchtet sich ein bißchen vor Raubkatzen ..."

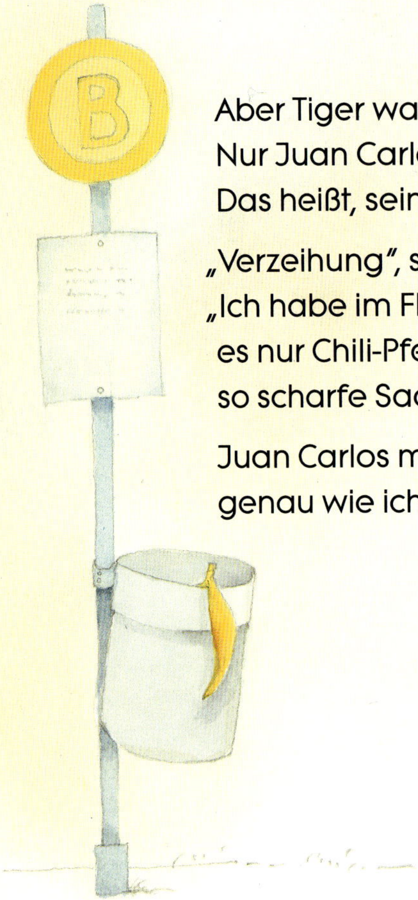

Aber Tiger war ja zahm, und Bär war auch zahm. Nur Juan Carlos knurrte bei der Heimfahrt wie wild. Das heißt, sein Magen knurrte.

„Verzeihung", sagte Juan Carlos.
„Ich habe im Flugzeug nichts gegessen. Da gab es nur Chili-Pfefferoni und Knoblauch und so scharfe Sachen. Hat alles Bär bekommen."

Juan Carlos mochte lieber Honigbrote – genau wie ich.

Es ist immer gut, wenn zwei dieselben Sachen mögen.
Aber noch besser ist es,
wenn sie sonst verschieden sind.

Ich konnte besser weiter unten suchen,

Juan Carlos besser weiter oben.

Ich konnte mich besser hinter Büschen verstecken,
Juan Carlos besser hinter Bäumen.

Juan Carlos konnte besser laufen.
Ich konnte besser Purzelbäume schlagen.

Es waren aufregende Tage.
Abends waren wir so müde, daß Juan Carlos und ich das ganze Fernsehprogramm verschliefen.

Spät in der Nacht brachten wir Tiger und Bär ins Bett.
Sie durften ausnahmsweise im Schuppen schlafen.

Als Juan Carlos und ich dann endlich im Bett lagen,
waren wir plötzlich wieder putzmunter. Und wir erzählten
uns Geschichten, bis der Morgen graute.

Kurz vor seiner Abreise räusperte sich Juan Carlos Ruebenzahn und sagte:

„Hör mal, Philipp. Bär möchte gerne, daß Tiger ihn im nächsten Sommer besuchen kommt. Ob sich das wohl machen läßt?"

Ich dachte lange und gründlich nach.
Dann antwortete ich: „Abgemacht. Aber nicht alleine!"